Livre d'Or

en l'honneur de :

Message de :

Message de :

Message de :

Message de :

Message de :

Message de :

Message de :

Message de :

Message de :

Message de :

Message de :

Message de :

Message de :

Message de :

Message de :

Message de :

Message de :

Message de :

Message de :

Message de :

Message de :

Message de :

Message de :

Message de :

Message de :

Message de :

Message de :

Message de :

Message de :

Message de :

Printed in France by Amazon
Brétigny-sur-Orge, FR